PROJET DE LOI

SUR

L'INDEMNITÉ DES ÉMIGRÉS,

SUIVI DE COMMENTAIRES, ET DES MOTIFS PUISÉS
DANS LE DISCOURS PRONONCÉ A LA CHAMBRE DES
DÉPUTÉS, le 3 janvier 1825,

Par M². De Martignac.

« Le temps est arrrivé où il est possible de dire a ceux
qu'on a dépouillés de leur heritage et qui ont supporté ce
malheur avec une si constante resignation : « L'État vous a
privé de vos biens ; il en a transmis la propriété à d'autres
dans des temps de troubles et de desordre ; l'état, rendu à la
paix et à la légitimité, vient vous offrir le dédommagement
qui est en son pouvoir ; recevez-le, et que la funeste trace
des confiscations et des haines s'efface et disparaisse à jamais »
(*Discours de M* DE MARTIGNAC *à la Chambre des Députés.*)

A VALENCIENNES,

Chez LEMAITRE, Libraire, rue entre-deux-Mazeaux, n°. 33.

1825.

Projet de Loi sur l'indemnité à allouer aux anciens propriétaires des biens fonds confisqués et vendus au profit de l'État, en exécution des Lois sur les Émigrés.

TITRE I.er

De l'allocation et de la nature de l'indemnité.

Article I.er

Il est alloué une indemnité aux Français, anciens propriétaires des biens fonds situés en France, confisqués et vendus au profit de l'État, en exécution des Lois sur les Émigrés.

MOTIFS.

Le dedommagement qui ne peut être accordé pour toutes les pertes doit l'être pour les suites de la confiscation prononcée contre les émigrés, d'abord parce que les pertes des émigrés ont été entières, et que celles des autres n'ont été que partielles ; ensuite parce qu'il y a dans la violence qui les a dépouillés de leurs biens, quelque chose d'odieux et de dangereux qui demande, qui exige une réparation.

Malgré la sécurité profonde où sont ou doivent être les nouveaux propriétaires, malgré l'irrévocable sanction accordée à leurs titres, l'opinion publique, il faut bien le dire, persiste à reconnaître encore la ligne que la loi a effacée,

Les biens confisqués sur les émigrés trouvent difficile-ment des acquéreurs, et leur valeur dans le commerce n'est point en proportion avec leur valeur matérielle.

L'indemnité allouée aux anciens possesseurs peut seule rendre commun à l'opinion le langage de la charte, et ce n'est que par elle que peut disparaitre la différence qui existe encore entre les propiétés du même sol.

Par ce moyen, la réparation proposée profitera à l'état, en rendant des fonds devenus stériles pour lui à une cir-culation productive ; mais elle lui profitera bien mieux encore , en affermissant l'union et la paix , source première de toutes les prospérités.

COMMENTAIRE.

L'indemnité n'est accordée qu'aux anciens propriétaires qui auront la qualité de FRANÇAIS *à l'époque de la promulga-tion de la loi* ;

Ainsi n'y auront pas droit : 1°. ceux qui auront perdu leur qualité de français , soit par la naturalisation acquise en pays étranger ; soit par l'acceptation de fonctions pu-bliques conférées par un gouvernement étranger ; soit par un établissement fait en pays étranger sans esprit de retour ; et qui n'auront pas recouvré leur qualité de français en suivant le mode prescrit par l'article 10 du code civil ; 2°. la femme qui serait alors, encore épouse d'un étranger ; 4°. le français qui , sans autorisation du Roi , aurait pris du service chez l'étranger , et n'aurait pas rempli les conditions nécessaires pour recouvrer sa qualité, *

Ce'ui qui aurait encouru la mort civile, serait aussi sans droit à cette indemnite. Ses héritiers exerceraient ses droits, (art. 25 du code civil.)

Article 2 I.er §.

Pour les biens fonds, vendus en exécution des lois q i ordonnaient la recherche et l'indication préa-l bles du revenu de 1790, ou du revenu valeur de 1790, l'indemnité consistera en une inscription dè rente 3 pour %, sur le grand livre de la dette pu-p blique, égale à vingt fois le revenu, tel qu'il a été constaté par les procés verbaux d'expertise ou d'ad-judica'ion.

MOTIFS,

Le capital de cette indemnité doit représenter une valeur à peu près égale à cel'e qu'elle est destinée à remplacer, Une indemnité fractionue'le, un simp'c secours accorde au malheur, n'atteindroit pas le but q e le Roi se propose, et vers lequel doivent tendre les efforts des Chambres. L'empreinte de la confiscation resterait toujours sur les biens vendus ; les anciens propriétaires seraient encore dépouillés, et les deux classes de propriétés ne verraient pas s'operer la fusion consiliatrice.

---

* Du reste ces dispositions n'atteignent que les anciens propriétaires eux-mèmes, et non leurs héritiers, qui, quoique n'ayant pas la qualité de *français*, seraient habiles à succeder à l'emigré même.

Il faut donc que le capital de l'indemnité représente approximativement le capital de la valeur perdue. D'accord sur le premier point, on doit l'être aisément sur celui-ci.

Pour déterminer le montant de l'indemnité, la première obligation était de connaître la valeur des propriétés vendues.

Il était impossible de la chercher dans les impositions actuelles. D'une part, la valeur d'aujourd'hui n'est plus en rapport avec celle d'autrefois ; des édifices ont été détruits ou élevés, des bois ont été défrichés ou plantés et accrus ; des terrains incultes ont été mis en rapport ; d'autre part, quelques fonds ont été remis dans une seule exploitation. D'autres, ont subi des divisions différentes. Il serait impossible, et nous en avons acquis la certitude, de trouver l'application des articles compris dans le rôle actuel des contributions aux lots vendus depuis trente ans.

La plus grande partie de ces inconvéniens se retrouveraient dans l'estimation à faire par experts.

On a pensé encore que les matrices de la contribution foncière existant à l'époque des ventes pourraient fournir des indications suffisantes ; mais les états de section, les matrices de rôles de 1793 n'existent plus dans une grande partie des departemens.

Au surplus, leur incroyable inexactitude, ne permet guère d'en regretter la perte.

Il a donc fallu recourir à d'autres moyens, chercher des documens positifs de nature à écarter toute possibilité d'arbitraire, et qui offrissent toutes les garanties que peut comporter cette difficile opération.

Les ventes des biens d'émigrés ont commencé en 1793 ; elles ont continué pendant près de dix ans ; elles ont été faites contre des assignats, contre des mandats, contre des bons de remboursement des deux tiers, contre des bons du tiers consolidé, contre du numéraire La valeur représentative des propriétés vendues a donc subi toutes les chances et toutes les variations qui se rattachent aux époques, aux localités et à la valeur des monnaies diverses reçues en paiement.

Les aliénations ont été opérées en vertu des lois différentes et nombreuses qui ont prescrit des formes diverses plus ou moins favorables à l'évaluation des prix.

Vous concevez aisément combien il était difficile de saisir, au milieu de tant d'incertitudes et d'embarras, une base satisfaisante à laquelle on pût s'arrêter avec quelque sécurité.

Celle qui se présentait avec le plus d'avantage était incontestablement le revenu de 1790, régulièrement constaté, évalué en numéraire d'après des documens alors récens et a peu près certains ; le revenu de 1790 offrait un point de départ d'où l'on pouvait arriver à la vérité.

Cette base re retrouve dans les ventes faites depuis la la loi du 12 prairial an 3. Toutes les lois postérieures à cette époque prescrivent l'indication dans les procès-verbaux du revenu en numéraire, valeur de 1790,

-Ces lois ont varié suivant les monnaies et les circonstances pour la formation du capital à l'aide de la multiplication du revenu.

Mais le point de départ est toujours demeuré le même; c'est le revenu de 1790, et ce point de départ offre un moyen facile de fixer la valeur numéraire des immeubles vendus.

Article 2. 2.ᵉ §.

Pour les biens-fonds dont la vente a été faite en vertu des lois antérieures au 12 prairial an 3, qui ne prescrivaient qu'une simple estimation préalable, l'indemnité se composera d'une inscription de rente 3 pour %, sur le grand livre de la dette publique, égale au prix de vente réduit en numéraire au jour de l'adjudication, d'après le tableau de dépréciation des assignats, dressé en exécution de la loi du 5 messidor an 5, dans le département où était située la propriété vendue.

Motifs.

Il a fallu recourir à d'autres voies pour les adjudications antérieures au 12 prairial an 3.

Les premières lois qui ordonnèrent la vente des biens d'émigrés n'avaient pas prescrit l'évaluation des revenus de 1790 ; elles n'avaient ordonné qu'une simple estimation.

On a reconnu que le prix de l'adjudication déterminé par les enchères se rapprocherait davantage de la vérité, en appliquant, non comme on l'a fait habituellement, le cours des jours où les paiemens successifs ont eu lieu, ce qui ne laissait au prix stipulé aucune valeur déterminée, mais celui du jour où l'adjudication a été faite.

La raison et la justice indiquaient qu'il fallait recourir à cette voie, que les resultats des adjudications devaient être en rapport nécessaire avec la valeur d'opinion donnée aux assignats dans le lieu où des adjudications ont été faites ; que le prix devait avoir été plus ou moins élevé, suivant la dépréciation plus ou moins considérable du signe monétaire.

Il importait essentiellement, et vous le reconnaitrez avec nous, de trouver des bases positives, uniformes, dont l'emploi ne pût rien laisser à l'arbitraire, et dont l'application se bornât à une opération materielle. Le mode proposé offre cet avantage, et vous verrez tout à l'heure, qu'il rend la liquidation de l'indemnité aussi simple dans son execution que sûre et impartiale dans ses résultats.

Article 3.

Lorsqu'en exécution de l'article 20 de la loi du 9 floréal an 3, les ascendans d'émigrés auront acquis, au prix de l'estimation déclarée, les portions de leurs biens attribuées à l'état, par le partage de présuccession, le montant de l'indemnité sera égal à la valeur rielle des sommes qui auront eté payées. En conséquence, l'echelle de depréciation des départemens pour les assignats et les mandats, et le tableau du cours pour les autres effets reçus en paiement seront appliqu's à chacune des sommes versées à la date du versement.

MOTIFS.

Une seule exception a paru devoir être faite pour ceux qui sont rentrés en possession de leurs biens ; et vous concevrez aisément sa justice et sa nécessité.

Ainsi, la loi du 9 floréal an 3 prescrivait à tout ascendant dont un émigré se trouvait l'héritier présomptif, de faire dans un délai déterminé la déclaration de ses biens et de son passif. L'estimation et la liquidation opérées, on réglait le partage, et la part qu'aurait eue l'émigrée était attribuée à l'état.

Qu'est-ce q'on appelait le partage de *présuccession* ? L'art. 10 autorisait l'ascendant à racheter, au prix de l'estimation, les portions de ses anciens biens réunies au domaines de l'état.

Dans ce cas particulier, il est évident que la propriété n'a pas changé de maître, que la confiscation n'a coûté au propriétaire et à sa famille d'autre sacrifice que le montant de l'estimation payé pour le rachat de la portion confisquée, et que le remboursement de la valeur réelle de la somme payée est la seule indemnité qui doive être accordée.

COMMENTAIRE.

Le pouvoir révolutionnaire, tout terrible qu'il était, a pourtant éprouvé ce que peut la ruse ; de riches dépouilles lui ont échappé par l'adresse de ceux qui étaient intéressés à les lui soustraire.

Dans beaucoup de partages d'immeubles indivis entre les émigrés et leurs parens restés en France, le lot de l'État, au droit de l'emigré, a toujours été le moins fort ou le moins avantageux : il y en a d'après lesquels l'Etat n'a pas obtenu le tiers de ce qui lui serait revenu si le partage avait été fait comme il devait l'être.

Or comme l'État par suite d'une telle division, n'a cependant vendu que les biens du lot à lui echu ; et que l'indemnité que l'on donne aux émigrés sera basée, ou sur le prix des ventes, ou sur le revenu des immeubles aliénés ;

Quelques personnes se sont demandées si dans le cas d'une lésion énorme en fait de partage, telle que celle qui vient d'être signalée, l'émigré lézé ne pourra pas s'adresser civilement et utilement à ses anciens co héritiers ou co propriétaires, afin qu'ils l'indemnisent de tout ce que lui fait perdre le partage pieusement frauduleux qui les a enrichis à ses dépens.

Il faut répondre que non. La prescription civile est pleinement reconnue à l'égard des actes de cette nature, et le projet de la loi dont nous nous occupons et qui es toute politique, ne veut, ni ne pourrait d'ailleurs, agir rétroactivement sur les transactions opérées entre l'état et les particuliers, en vertu des lois civiles antérieures.

Dans cette loi d'indemnité le législateur a eu en vue les

familles plutôt que les individus considérés isolément, son but est donc atteint par la seule disposition générale de cet article. Une réparation de détail de toutes les injustices souffertes par chaque individu, à l'occasion des ventes opérées en vertu des lois sur l'émigration, serait réellement impossible dans l'exécution. D'ailleurs, dans le cas précité, l'injustice n'a pas été commise par l'état, ni à son profit, il n'en peut donc être comptable.

Article 4 1er §.

« Lorsque les anciens propriétaires ou leurs ayans-droit seront rentrés en possession des biens confisqués sur leur tête, en les acquérant de l'état, l'indemnité sera réglée sur la valeur réelle qu'ils auront payée, et conformément aux règles établies par l'art. 3.

MOTIFS.

Il est arrivé souvent que les parens et les amis de l'émigré ont acheté des biens confisqués pour lui ou pour sa famille, et que la propriété est ainsi revenue directement à ses anciens possesseurs.

– Ce cas particulier est nécessairement compris dans l'exception que nous venons de rappeler.

COMMENTAIRE.

Lorsque c'est l'ancien propriétaire même qui a acheté de l'état, il ne peut y avoir de difficultés.

Lorsque ce sont les ayans-droit, il nous semble qu'il faudrait distinguer : si l'ancien propriétaire vivait encore lors de cette acquisition, ceux qui sont aujourd'hui ses ayans-droit n'étaient alors que des tiers, à son égard comme à celui de l'état ; il semblerait donc juste qu'ils aient droit à la même indemnité que celle à laquel l'émigré aurait droit lui-même s'il vivait encore ; c'est à dire à la valeur calculée sur le revenu, et non pas seulement à celle qu'ils auraient payée.

Il ne faut pas se dissimuler cependant que l'opinion contraire parait exprimée dans les motifs exposés par M. de Martignac.

Article 4. 2.ᵉ. §.

Lorsqu'ils les auront rachetés à des tiers, l'indemnité rera égale aux valeurs réeiles qu'ils justifieront avoir payées, sans que dans aucun cas elle puisse excéder celle qui est déterminée par l'art. 2. A défaut de justification les ayans-droit recevront une somme égale aux valeurs réelles formant le prix payé à l Etat.

Commentaire.

1. L'acquisition qu'aurait faite l'ancien proprié aire ou les ayans-droit, sur la revente par *folle enchere* qui aurait eu lieu sur l'adjudicataire primitif, ne peut pas être considérée comme un *rachat* fait à un tiers. Elle n'est réellement qu'une vente définitive faite par l Etat ; mais dans tous les cas la position du propriétaire serait toujours la même, puisque soit qu'il ait racheté d'un tiers, soit qu'il ait directement acheté de l'Etat, le projet de loi ne lui donne droit qu'au remboursement des valeurs qu'il aurait réellement payées. Ainsi et quand même le prix de l'adjudication sur folle enchere au-

rait été inférieur à celui de l'adjudication sur laquelle la folle enchére a eu lieu, l'ancien propriétaire ou ses ayans-droits, qui se seraient rendus adjudicataires sur cette folle enchère n'auront jamais droit qu'à une indemnité égale à celle du prix qu'ils auront payé.

2. Quand le prix du rachat fait à un tiers aura été inferieur à celui de l'acquisition primitive faite de l'Etat ou à la valeur réelle calculée sur le revenu, on sent que le propriétaire aura toujours intérêt à céler l'existence ou au moins le prix du rachat, et à ne pas faire la justification dont parle cet article.

On n'a peut être pas prévu ce cas; qui pourtant peut se présenter ; peut - être aussi a t'on preferé , comme il se présenterait rarement , laisser alors profiter le proprietaire d'un avantage qui ne porte pas préjudice à l'Etat puisque celui-ci a réellement perçu le prix total de la première vente.

Article 5. 1.er §.

Les rentes 5 pour % accordées à titre d'indemnité seront portées au grand livre de la dette publique et délivrées à chacun des anciens propriétaires ou à ses représentans par cinquième de la somme allouée , et d'année en année ; le premier cinquième devant être inscrit le 22 juin 1825.

Motifs.

Il ne peut être question de payer un capital aussi considerable aux familles dépossédées, C'est un intérêt juste et modéré qui peut leur être alloué, et cet intérêt doit ô re demandé non aux impôs, mais aux crédits, non par un emprunt qui er lèverait une partie des avantagus, mais par une émission de rentes au profit de ceux à qui l'indemnité est dévolue.

COMMENTAIRE.

Ces rentes représenteront un intérêt au capital de 100, dégagé des contributions et de toutes les charges diverses qui pèsent sur la propriété immobilière.

Article 5. 2ᵉ §.

L'inscription de chaque cinquième portera jouissance des intérêts du jour auquel elle dû être faite à quelque époque que la liquidation ait été terminée et la délivrance opérée.

COMMENTAIRE,

Les propriétaires dépossédés ou leurs familles, recevront chaque année, à partir du 22 juin prochain, un cinquième du montant de l'indemnité liquidée en leur faveur. Les intérêts de chaque cinquième courront du jour où l'inscription est autorisée par la loi, de telle manière que les embarras et les retards de la liquidation ne pourront, dans aucun cas, porter préjudice à ceux qui les auront eprouvés. Ils n'en auront pas moins un droit égal aux intérets successifs, qui augmenteront chaque année d'un cinquième jusqu'à l'inscription intégrale.

Article 6

Pour l'exécution des dispositions ci - dessus, il est ouvert au ministre des finances un crédit de 3o millions de rentes , 3 pour °/o qui seront inscrits savoir :

Six millions le 22 juin 1825.

Six millions le 22 juin 1826.

Six millions le 22 juin 1827.

Six millions le 22 juin 1828.

Six millions le 22 juin 1829.

Avec jouissance pour les rentes inscrites du jour où leur inscription est autorisée.

MOTIFS.

Vous concevez aisément encore que cette émission ne peut être simultanément opérée. Trop de fortunes , trop d'élémens de prospérité , sont attachés au crédit , pour qu'il soit permis de le compromettre par des mesures précipitées et imprudentes. L'intérêt de tous , l'intérêt particulier de ceux qui des dédommagemens vont être offerts , commandent des précautions et des ménagemens.

C'est dans le credit qu'ils trouveront l'accroissement naturel de leur propriété nouvelle. L'atteinte que ne manquera pas d'y porter une émission disproportionnée , ferait passer dans leurs mains des valeurs affaiblies; et cette exécution empressée , loin de les servir , leur seraient évidemment funeste.

Titre II.

De l'admission à l'indemnité et de la liquidation.

Article 7.

Seront admis à réclamer l'indemnité, l'ancien propriétaire, et, à son défaut, les héritiers en ligne directe ou collatérale au dégré successible qui seraient appelés à le représenter à l'époque de la promulgation de la présente loi.

Motifs,

Les premiers dont le projet de loi reconnait les droits ; sont les anciens propriétaires ; et sur ce point, il ne saurait y avoir dedifficulté.

A leur défaut, il admet les héritiers en ligne directe ou collatérale, suivant l'ordre de successibilité, qui serait appelés à représenter l'emigré *à l'époque de la promulgation de la loi.*

Le principe de la loi actuelle, l'esprit dans lequel elle est conçue ne laissent aucune doute sur la nature de l'indemnitué allouée. Elle est la représentation de l'immeuble confisqué ; elle est le remboursement d'une valeur injustement perçue. Sa cause se rattache donc à la propriété, et le droit qu'elle consacre aujourd'hui a sa source dans la confiscation consommée depuis trente années.

L'indemnité semblerait dès - lors pouvoir être considérée comme ayant toujours fait partie des biens ou des actions possédés par l'ancien propriétaire, et de-là on pourrait conclure d'une part, qu'elle aurait pu être faite à ceux des héritiers qui auraient été appelés par les lois existantes à l'époque où la succession s'est ouverte.

Les plus puissantes considérations ont paru s'élever contre l'admission de cette conséquence.

Le droit reconnu et consacré par la loi actuelle n'a formé long-tems qu'une espérance légitime, qu'une expectative juste et naturelle, mais qui, aux yeux de la loi civile existante, n'était pas de nature à être comprise dans la disposition de l'homme et ne peut être presumée y avoir été compris.

D'un autre côté, en faisant remonter l'application de la loi actuelle à l'ouverture des successions respectives des anciens propriétaires, on manquerait le but qu'on cherche à atteindre.

C'est en faveur des enfans, et à leur défaut des parens les plus proches, c'est en faveur de ceux qui représentent de *plus près* l'homme dépossedé, que les remises de confiscations out toujours été prononcées, à quelque titre qu'elles fussent faites, soit de don, soit de restitution, soit de désistement.

C'est aussi aux familles dépouillées, aux familles que la révolution a frappées, que vous destinerez l'indemnité que le projet de loi prépare.

Si vous faites retroagir son application, vous trouverez dans un intervalle de trente années trois legislations différentes , sous l'empire desquelles la succession devra être divisée , et ensuite subdivisée , toutes les fois qu'elle aura été ouverte à plus d'un dégré.

Ainsi vous n'appelleriez pas les paiens les plus proches, ceux qui forment réellement la famille , ceux à qui vous destinez le dédommagément , mais les représentans des heritiers , lesquels seraient souvent aujourd'hui étrangers à l'ancien propriétaire.

Article 8.

Pour obtenir l'indemnité , les anciens propriétaires ou leur représentans se pourvoiront devant le Préfet du département où sont situés les biens-fonds vendus Le Préfet transmettra la demande au directeur des domaines du departemant qui dressera le bordereau d'indemnité conformemeant aux dispositions précédentes.

Le bordereau sera adressé par le Préfet , au ministre des finances , avec les pièces produites à l'appui de la demande. Il y joindra son avis motivé qui portera tant sur les droits et qualités des réclamans que sur les énonciations du bordereau.

Motifs.

Après avoir ainsi établi les conditions de l'admission, la loi devait régler le mode à suivre pour parvenir à la liquidation.

COMMENTAIRE.

Les anciens proprétaires ou leurs hériters se pourvoiront devant le préfet du département où sont situes les bien-fonds vendus. Ils joindront à leur demande les titres et les actes propres à etablir leur qualité et les droits que cette qualité leur donne.

Le préfet transmettra la demande au directeur des domaines. Celui-ci dressera les bordereaux d'indemnité conformément aux dispositions que nous avons déjà fait connaître.

Ces bordereaux contiendront le nom de l'ancien propriétaire, la désignation des biens vendus, et la date des ventes Ils contiendront ensuite l'indication du montant de l'indemnité déterminée par les art 2, 3 et 4 de la loi, selon la classe à laquelle appartiendront les biens désignés.

Ces opérations n'auront rien d'embarassant ni de difficile ; elles reposent toutes sur des actes authentiques et sur des calculs positifs : elles ne peuvent, dans aucun cas, prêter à l'arbitre ou à la partialité.

Article 9.

Le ministre des finances vérifiera ; 1°. S'il n'a pas été paye de soultes ou de dettes à la decharge du proprietaire depossédé ; 2°. S'il ne lui a pas été compte en execution de la loi du 5 decembre 1x24, des sommes provenant de reliquats de decomptes de la vente de ces biens ; 3°. S'il ne s'est pas opere de compensation.

COMMENTAIRE.

Il faudra déduire du capital représentant la valeur des biens vendus le montant des sommes payées à la décharg des émigrés, et dont la liquidation a été faite, d'abord par les administrations départementales, ensuite par le conseil général de la liquidation, et enfin par l'administration des domaines,

On n'a pas compris dans ce relevé les secours donnés aux femmes et aux enfans des emigrés, les gages de leurs domestiques, et les autres charges de la même nature acquittées pour eux par les directoires de district. Ces paiemens ont été prélevés sur le prix des meubles, sur les revenus des biens sequestrés ; et comme l'indemnité ne se compose que du prix des immeubles vendus, on a cru juste de ne pas porter en deduction, des charges étrangères à la proprieté et qui ont eté prelevées sur d'autres produits.

On a joint seulement aux sommes liquidées par suite de la confiscation des propriétés foncières les reliquats d'escompte versés dans les mains des anciens propriétaires ou de leur familles depuis la loi du 5 décembre 1814.

Article 10

Le bordereau d'indemnité et l'état des déductions seront transmis par le ministre des finances à une commission de liquidation nommée par le Roi et composée de quatre ministres d'Etat, trois conseillers d'Etat maîtres de la cour des comptes, et six maîtres des requêtes faisant fonctions de rapporteurs.

MOTIFS.

Nous avons pensé qu'il convenait que cette commission

fût composée d'hommes qui, par leur position sociale, leur lumières, la nature de leurs travaux habituels, offrissent la plus rassurante garantie de justice et de capacité.

Article 11.

La commission procédera d'abord à la reconnaissance des qualités et droits des reclamans.

Dans le cas où elle jugerait la justification irrégulière ou insuffisante, elles les renverra devant les tribunaux pour faire statuer sur la qualité contradictoirement avec le procureur du Roi.

S'il s'élève entre les reclamans des contestations sur leurs droits respectifs, la commission les renverra également a se pourvoir devant les tribunaux pour faire prononcer sur leurs prétentions, le ministère public entendu.

COMMENTAIRE.

Comme alors il s'agira de prononcer sur des questions d'état et de qualité, ou de faire reconnaître des-droits dont l'examen n'appartient qu'à l'autorité judiciaire, on a dû renvoyer les réclamans à se pourvoir devant les tribunaux.

Article 12.

Quand la justification des qualités aura été reconnue suffisante, ou quand il aura été statué par les tribunaux, la commission ordonnera qu'il sera donné copie aux ayans droit des bordereaux dressés dans les départemens, et de l'etat des deductions proposées par

(23)

le ministre des finances ; et elle procédera à la liquidation, après avoir pris connaissance de leurs mémoi-
et observations.

Article 13

La liquidation opérée , la commission donnera
avis de sa décision aux ayans-droit , et la transmettra
au ministre des finances qui fera operer l'inscription
de la rente pour le montant de l'indemnité liquidée
dans les termes et délais qui ont été prescrits.

Article 14.

Les ayans-droits pourront se pourvoir contre
la liquidation de la commission devant le Roi , en
son conseil d'etat , dans les formes et dans les delais
fixés pour les affaires contentieuses.

La même faculté est réservée au ministre des finances.

MOTIFS.

Les précautions qui viennent d'être indiquées paraitront
sans doute suffisant s pour offrir une entière sécurité.

Cependant, le projet de loi prévoit encore la possibilité
d'une erreur, et, dans ce cas, il ouvre, et aux reclamans
et au ministre des finances, défenseur naturel des intérets
du Trésor , la voie du recours devant le Roi en son conseil
d'Etat,

TITRE III.

Des déportés et des condamnés.

Article 15

Les dispositions precédentes seront applicables

aux biens confisqués et vendus au préjucice des individus déportés ou condamnes révolntionnairement.

Sera réduit de l'indemnité *le montant des bons au porteur* donnés en remboursemeut aux déportés et aux familles des condamnés , en exécution du décret des 21 prairial et 22 fructidor an 3 reduit en numéraire au cours du jour où la remise leur a été faite.

MOTIFS.

En considérant les héritiers des condamnés comme de simples créanciers de l'etat, il est certain que leurs réclamations pourraient être ecartées ; un sentimeut imperieux nous a avertis qu'une pareille rigueur serait une veritable injustice et la voix de la raison a confirmé en nous le cri du cœur et de la conscience.

Nous avons pensé que ce dédommagement illusoire laissait subsister la confiscation avec toute sa cruauté et toutes ses conséquences, et que c'était là le mal auquel nous devions apporter un remède. On a jugé qu'il était impossible d'opposer une réparation de ce genre aux enfans des victimes , et de déclarer que les plus malheureux etaient les seuls pour lesquels le jour de la justice ne devait apporter aucune consolation.

Le projet de loi comprend donc les familles des condamnés , celles des deportés , dans la mesure réparatrice. Seulement, il a paru juste de déduire de l'indemnité qui doit leur être appliquée, la valeur réelle des *bons au porteur* qu'ils peuvent avoir reçus, Cette valeur sera déterminée par le cours du jour, où la remise leur en a été faite. Ainsi, la loi actuelle, sévère dans son équité, ne leur accordera que le supplément nécessaire pour les placer dans une situation semblab.e à celle des autres propriétaires dépossédés.

TITRE IV.

Des biens affectés aux hospices et autres établissemens de bienfaisance.

Article 16.

Les anciens propriétaires des biens donnés aux hospices et autres établissemens de bienfaisance, soit en remplacement de leurs biens aliénés, soit en paiement des sommes dues par l'Etat, auront droit à l'indemnité ci-dessus réglée. Cette indemnité sera égale au montant de l'estimation en numéraire faite avant la cession.

COMMENTAIRE.

Ici la base était facile à trouver, puisque la concession a été procédée d'une estimation, et que cette estimation a été faite en numéraire.

Article 17. 1er §.

En ce qui concerne les biens qui n'ont été que *provisoirement* affectés aux hospices et autres établissemens, et qui, aux termes de la loi du 5 décembre

1814, doivent être restitués lorque ces établissemens auront reçu un accroissement de dotation égal à la valeur de ces biens, les anciens propriétaires ou leurs représentans pourront en demander la remise, en offrant de transmettre à l'hospice détenteur l'inscription de rentes 5 pour %, égale au montant de l'estimation, qui leur aura été accordée à titre d'indemnité.

Commentaire.

Tous les intérêts se trouvent ainsi garantis.

Les hospices ont reçu les biens provisoirement cédés, pour une valeur égale aux prix d'estimation. En leur offrant ce prix, on ne leur porte aucun préjudice, et la loi pourvoit à tout en ordonnant que la remise des biens ne sera opérée que lorsque la rente aura été inscrite en entier en faveur de l'ancien propriétaire.

Article 17. 2me §.

La remise des biens ne sera opérée que lorsque la rente aura été inscrite en entier au profit de l'ancien propriétaire, conformément à l'art. 5 de la présente loi.

Titre V.

Du droit des créanciers relativement à l'indemnité.

Article 18.

Les oppositions formées à la délivrance de l'inscription de rentes, par les créanciers des anciens propriétaires, porteurs de titres antérieurs à la confiscation, et non liquidés par l'Etat, n'auront d'effet que pour le capital de leurs créances.

Motifs.

Le droit qu'ont aujourd'hui les créanciers non-payés par l'état de poursuivre leur paiement sur les biens possédés par leurs débiteurs, résulte des principes généraux, de la législation intermédiaire et de la disposition même de la loi du 5 décembre 1814; mais l'exercice de ce droit a semblé pouvoir être restreint dans de justes bornes, en ce qui touche l'indemnité qui fait l'objet de la loi actuelle,

La confiscation remonte à plus de trente années, pendant ce tems, l'état a joui des fruits de l'immeuble ou des intérêts du prix. Il ne rend aujourd'hui qu'une valeur approximative du principal et il retient tous les revenus. En augmentant les ressources du débiteur et en offrant ainsi au créancier des garanties nouvelles, le pouvoir législatif peut et doit prendre en considération leur position respective.

Nous croyons que c'est être équitable envers tous les deux que de n'admettre l'opposition à la délivrance de l'indemnité de la part des créancieres antérieurs à la confiscation, qu'à la concurrence du capital seulement et sans intérêts pour le passé.

Commentaire.

Remarquez bien que le projet de loi n'entend faire

porter cette restriction que sur l'indemnité. Elle ne porte aucune atteinte aux droits qui peuvent resulter en faveur des creanciers, des titres dont ils sont nantis, ni aux actions qui peuvent lui appartenir sur les autres biens dans l'état actuel de notre legislation.

Elle règle seulement dans un esprit d'équité, qui doit présider à toutes les dispositions d'une loi de réparation et de conciliation, la part réservée au créancier qui fut privé de son gage, sur l'indemnité accordée au proprietaire qui fut dépouillé de son bien.

TITRE VI.

Des délais pour l'admission.

Il importe que la France connaisse dans un délai déterminé l'etendue précise, certaine et positive du sacrifice qu'elle se sera imposé; il ne serait ni juste, ni politique qu'elle demeurât exposée à des réclamations sans terme.

Article 19.

Les déclarations-tendantes à obtenir l'indemnité devront être formées, à peine de dechéance dans les délais suivans, savoir :

Dans un an par les habitans du Royaume.

Dans 18 mois par ceux qui se trouvent dans les autres Etats de l'Europe.

Dans 2 ans par ceux qui se trouvent hors d'Europe.

Ces délais courent du jour de la promulgation de la presente loi.

Article 20.

Il sera ouvert dans chaque préfecture un registre spécial où seront inscrites , à leur date , les réclamations qui auront été adressées au prefet.

Il en sera délivré aux intéressés , en ce qui les concerne un extrait régulièrement certifié.

H.-J. PRIGNET , imprimeur des Petites Affiches, à Valenciennes,